차시 가리온

서
론

제1장 서론은 연구의 배경 및 목적으로 이루어져 있으며, 연구 방법 및 표기 등을 밝히는 내용으로 제시한다. 여기에는 '연구사', '용어', '연구의 의의' 등이 포함된다. 제2장 이론적 배경은 본 연구의 가장 기초가 되는 부분이다.

단원에 제시되어 있는 수업은 교과서에 따라 달라진다. 수업의 방향을 잡기 위한 교재는 교육과정 아래에서 제작되어야 한다. 교과서가 만들어진 후 그 교재를 학습자에게 전달하여 교육을 진행하게 된다.

칸트 읽는 나그네 그리고 나는 나그네 길을 간다

귤나무를 본적이 있나요?

귤나무 한 그루에는 잎만큼 많은 귤이 달려요.

추운 날씨가 무색할 만큼 귤 밭은 싱그럽기만 해요.

초록과 감귤 색이 어우러진 귤 밭은 보고만

있어도 기분이 좋아져요.

귤 활용백서

12월부터 제주에는 귤이 풍성해진다.

귤은 어떻게 따나요?

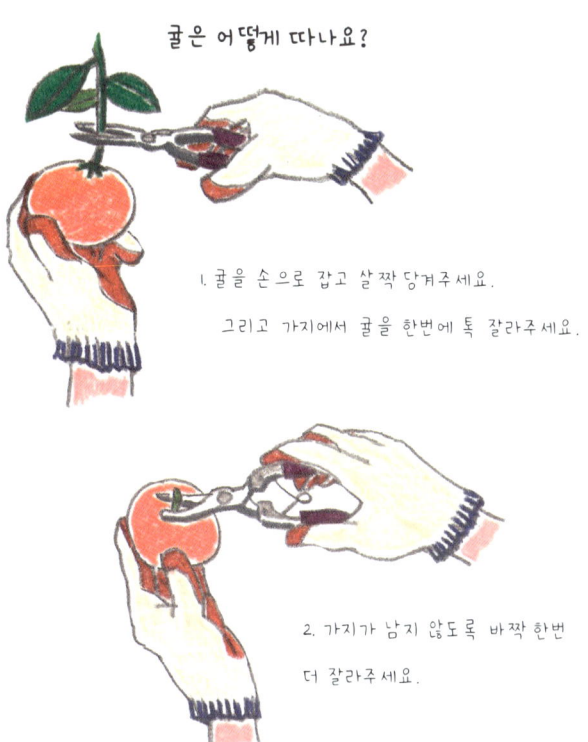

1. 귤을 손으로 잡고 살짝 당겨주세요.

   그리고 가지에서 귤을 한번에 톡 잘라주세요.

2. 가지가 남지 않도록 바짝 한번

   더 잘라주세요.

Tip 뾰족한 가지가 남아 있으면 다른 귤을 찔러 상처가 생겨

쉽게 상하게 돼요. 그러니 귤은 꼭 두 번 잘라주세요.

귤을 까먹는 방법이 있나요?

제주 스타일로 귤 까먹기

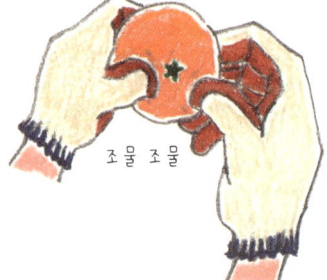

조물 조물

밭에서 삼촌들이 귤을 까먹는 방법

1. 귤을 조물 조물 만져주세요.

반으로 쪼개기

2. 귤에 꼭지가 아닌 배 부분을
눌러 반으로 나누어주세요.

Tip 어떻게 먹어도 맛있는 귤
삼촌들은 밭에서 장갑을 끼고
깨끗하게 귤을 먹기 위해 이
렇게 까서 먹는다고 해요.

3. 2등분한 귤을 다시 반으로 나누어 먹어요.

냉장고에 차갑게 식혀 꿀꺽

새콤 달콤한 귤껍질 말랭이요.

1. 껍질째로 귤을 반으로 잘라주세요.

(껍질을 잘 모아서 말려요.)

2. 귤을 넣고 갈아주세요.

하읗~하읗~

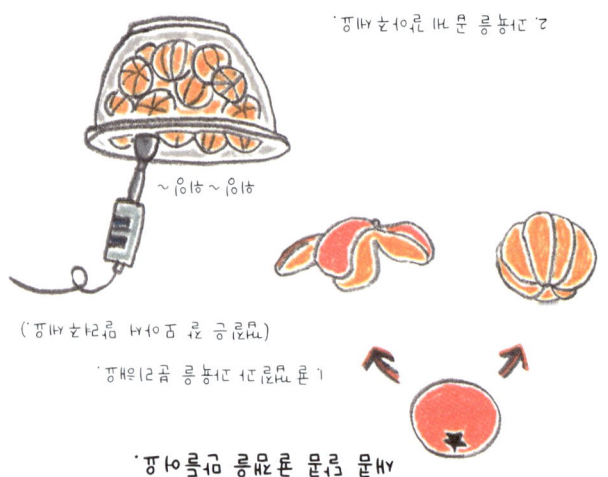

3. 물과 설탕을 1:1로 넣어 졸여주세요.

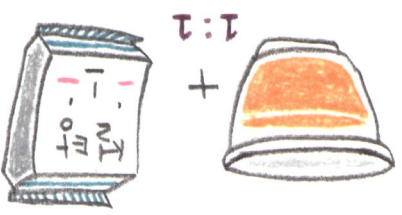

4. 공기가 들어간 냄비에 넣고 중불에 올려 재빨리 졸여주세요.

거품은 꺼질 때로 조세요.

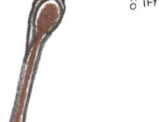

5. 유리 병에 담은 다음 열기를 제거해 주세요.

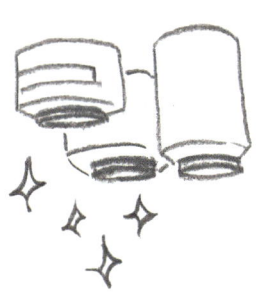

6. 상하지 않게 꼭 냉장고에 넣어 단아야 해요.

Tip 단 맛을 덜고 싶다면 꿀을 넣고 상큼한 티가 돌아 후 꿀을 넣어 드실 수 있어요.

3. 꼭지를 일정한 두께로 썰기, 잘라 낸 후 썰어도 됨. 약 3mm정도~

2. 꼭지를 가진 채로 담아 망이요.

1. 꼭지를 신문지 통에 둥구리 주세요.

꼭지는 어떻게 만드나요?

우웅~ 우웅~

4. 건조기에 넣고 잘 말려주세요.

Tip 8시간 돌린 후에 칸 위치를 바꾸고

다시 8시간을 돌리면 바삭한 귤칩이 완성돼요.

반짝 반짝 귤칩은

지퍼백에 밀봉 해서 보관하세요.

Tip 설탕이나 다른 과일을 넣어 취향껏 마음껏 즐기세요.

3. 20~30분 정도 끓이면 알코올이 달아나요.

2. 끓을 조짐보일 때 다른 재료 한꺼번에 넣고 약불에 두세요.

1. 베이킹 소다로 껍질 씻어 두세요.

내 마음대로 뱅쇼 만들기

추운 겨울 뱅쇼 어때?

은은하게 피어나는 커피 향이 좋은 아침

그리고 맛나는 쥬스 한 잔

브런치에 어울리는 달 한 조각

달콤쌉싸름한 치즈와 와인

아침으로 잘 어울리는 연어 샐러드 토스트

그리고 수박에 달콤한 음료 한 잔을 곁들이면

완벽한 마무리 끝!

귤탕 만들기

말린 귤피로 만드는 달콤한 귤탕

1. 냄비에 말린 귤과 장을 넣어 주세요.

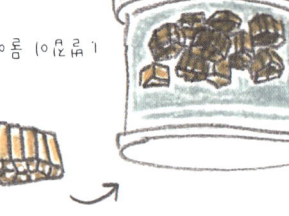
 생강

2. 약불에 생강을 녹여 주세요.

3. 녹인 귤탕을 거름망으로 걸러 주세요.

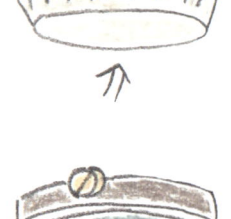

4. 걸러진 귤탕을 다시 약불에 녹여 주세요.

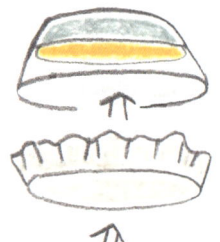

5. 더 따끈한 귤탕을 원하면 2~3분 더 끓여 주세요.

Tip 단단한 표면 위 받침대에 심지를 넣고 빨래집게 등으로 만들어 고정해 주세요. 밀랍을 부어 완전히 굳혀주세요.

재활용도 가능하니 용도에 맞는 용기를 사용해주세요.

5. 심지를 세워 굳힌 용기에 녹인 밀랍을 부어주세요.

귤 램프 만들기

귤껍질을 벗기지 마세요. 곶감 말린 것과 같이 달콤한 맛이 있어요.

1. 귤 상하를 둘로 그 1/3정도 둘레를 칼집 내세요.
껍질 이용하여 램프 만드는 데 사용할 수 있어요.

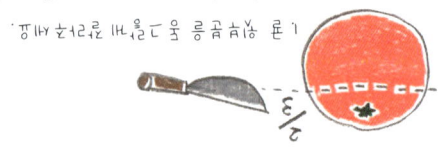

2. 알맹이를 쏙 빼내 주세요.
껍질 안쪽이 말끔하게
하게 표지하여 알맹이를
완전히 제거해 주세요.

BBQ 꽂이 사용.

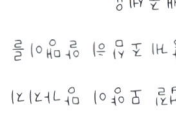

3. 심지를 세우고 속에 식용유를 부어 주세요.

양초처럼 심지를 사용하면 더 예뻐요.

심지는 아라미에 고정.

Tip 상하의 양끝, 양초 장식 촛불 장식에 사용해보세요.

참치 김초밥

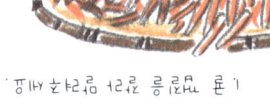

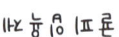

창에서 불어오는 바람이 좋아

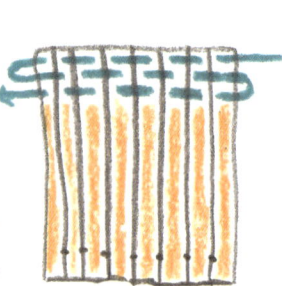

1. 색종이를 반으로 자르고 아래, 위로 칼집을 넣어 세로 띠를 만들어 주세요.

2. 털실 끝을 테이프로 붙이고 아래, 위로 꽂아주세요.

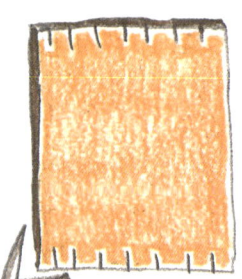

3. 가로 실을 세로로 꽂아준 실에 한 번, 아래로 한다 꽂다 하며 끝 줄까지 꽂아주세요.

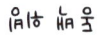

동백 반짇

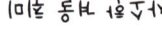

사각형 계동 깔개

7. 완성된 수세미입니다.

6. 수술도 만들어 달아주세요.

5. 빨간색 실로 꽃잎 5장을 만들어 달아주세요.

종이에서 실을 빼내고 위에 꽃을 달아주세요.

4. 분홍색 실을 들고 나뭇가지에 묶어 감아주세요.

지우개에 밑그림 그리기

밑그림

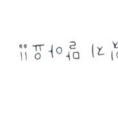

좌우 반대임!!

용의용 종이에 지우개 밑그림을 칠해 두었다가 지우개에 뒤집어 긁어주기에 긁힌 그 위에 지우개, 손톱으로 긁어 밑 원리 밑그림을 연필로 진하게 칠해 뒤집으면 종이에 더 잘 묻는다.

유성펜으로 밑그림을 따라 그려준다.

음각
그림이 배경으로 들어갔어요.

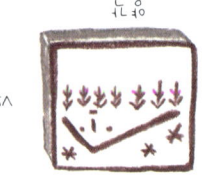

양각
그림이 배경보다 튀어나왔어요.

vs

양각과 음각을 구분하기

지우개 도장

4. 아이들 꾸며 넣어 주세요.

3. 완성된 가랑잎 도장을 아래에 꾹 찍어서 사용하기 더 편해요.

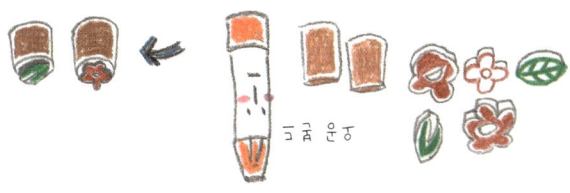

2. 칼등을 이용해 가랑잎을 사선으로 파주세요.

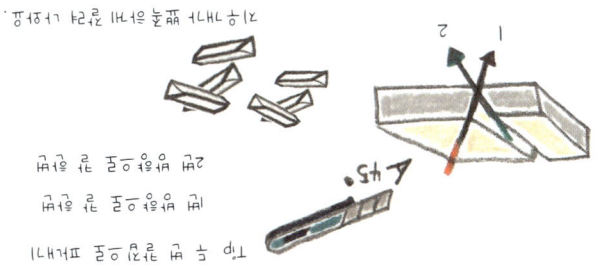

간장 양념게장

1. 간장, 식초, 설탕, 물을 1:1:1:1로 끓여주세요.
2. 끓여낸 양념물을 꽃게에 부어주세요.
3. 3일마다 꺼내 양념 물에 끓여 꽃게에 담가 부어주세요.

Tip 간장은 3번 부어야 게장의 신맛이 줄어듭니다.

간장 양념게장

1 : 1 : 1 : 1

간장 : 식초 : 설탕 : 물

간장 양념게장을 만들어요.

재료 : 싱싱한 꽃게 1마리 간장 식초 설탕 물

가지 향아치
펴죽

가지 향아치
밥오피

가지 향아치
담

계절 샐러드 콤비 2 탄

색깔 단단 피클을 만들어요.

식초 : 설탕 : 물

피클을 만들자!!

1. 식초, 설탕, 물을 1:1:1로 넣어주세요.
2. 피클 물을 팔팔 끓여 주세요.
3. 끓이던 재료가 담긴 용기에 피클 물을 부어주세요.

Tip. 계절에 따라 넣어 신맛이 좋아요.

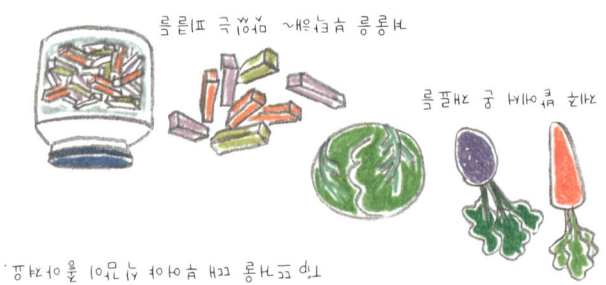

채소를 원하는 사이즈로 피클링

냉장고 안에 있는 재료들

배추 시래기 김치 담그기
시래기 만들기

1. 배추를 잘라 그늘에 말려주세요.

2. 장 담근 항아리에 넣습니다.
찜기 위에 쪄내어 주세요.

3. 김치 숙성을 돕기 위해 고루 주세요.

4. 실온에 앉힐 수 있는 양만큼 나누어 지퍼백에 담아 냉동실에 보관해 주세요.

Tip. 김치찌개, 김치전용으로 쓰셔도 좋아요.

재료의 용융 온도와 함께 용융 열 또한 중요하다. 돌 들이 꽉 붙을 만큼 충분히 있어야 하며, 어느 정도의 용융 열이 재료마다 다르기 때문이다. 또, 녹은 동안 녹지 않은 재료는 더 큰 공간 틈새로 더 잘 들어갈 수 있어야 한다.

그 다음 재료는 식히는 과정을 해야 하는데 식히는 동안에도 깨지지 않을 만큼 강해야 하고, 어떤 용융이 이루어진 후 기다리거나 시간이 많이 흐르는 공간 사이가 벌어지지 이 생기는데도 잘 채워져야 한다.

끝

감자 그 사기 깨야지.

제주의 봄은 고사리로부터

공기 중에 습기가 가득하고 비가 자주 오는 고사리
장마가 지나면 바구니 들고 오름으로 들로 고사리를
꺾으러 가요~

고사리는 어떻게 꺾나요?

아래에서 위로 쭉 댕기다 꺾이는 부분을
딱 댕기면 쉽게 꺾을 수 있어요.

Tip 너무 아래를 꺾으면 쓴맛이 강해요.

고사리는 얼마나 삶아야 하나요?

끓는 물에 약 10분 정도 삶아 주세요.
손으로 눌렀을 때 눌러지면 돼요.

고사리는 어떻게 말리나요?

삶은 고사리를 햇살에 바짝 말려주세요.

물렁 베이비 가지 파스타

1. 마늘, 양파, 올리브유를 넣고 볶아주세요.

마늘 올리브유 양파

2. 물을 넣고 삶아주기

3. 삶은 가지와 양념을 넣고 푹 익혀 삶아대요.

큼직한 모듬 과일에 담아요.

물이 많이 나오지도 가지의 파스타

말린 가지 보관방법은?

말린 가지는 밀봉용기에 담거나 냉동실에 넣어 보관해요. 한 번 먹을 만큼 나눠서 넣어두면 편리해요.

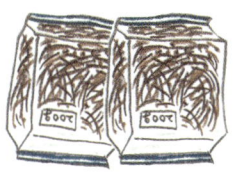

소고기 스테이크와 와인

고사리 향뿜

~몸에 좋은 계절 나물~

쑥

쑥향이 나서 튀겨먹으면 맛있는 봄나물

곤드레

고소하고 은은한 향

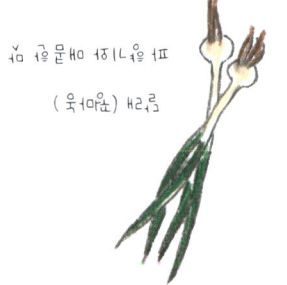

달래 (야생마늘)

파 향이 강하고 매운 맛

안녕!

냉이.

봄에는 향긋한 냉이나 달래 등을 캐서 겉절이, 된장국, 튀김 등을 만들고 생기 있는 샐러드에 봄나물을 곁들이면 좋아요.

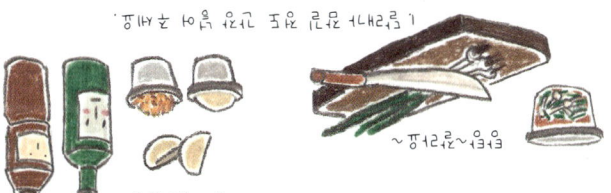

밭에서 캐낸 냉이

화분에 담아 살린 냉이 모종

뿌리째 뽑아서 담아요.
잎이 싱싱해요.

물을 흠뻑 주어요.

새로 돋은 잎이 있어요.

잎이 시들시들 해요.

모종삽으로 파요.
뿌리가 끊어져요.

흙이 우수수 떨어져요.

냉이 캐기는 어려운 일

다 캐지 못한 냉이가 나와요.
꽃대에 피면 씨를 받을 수 있어요.

토복 농부의 응망판 가꾸기

응망판은 작은 텃밭을 가꾸는 재미있어요.

1. 용망이 둘 곳 있게 각 가진 상자를 파주세요.
2. 상자들을 상자에 넣고 흙을 팝음 채우 살짝 눌러주세요.
3. 다 심은 후에 물을 충분해 줄해주세요.

밭고랑 농구라주세요.

품 앞에 가꾸기

초사 드림 캐처

풍물 준비 해보세요.

풀사는 쿠러지지 않고 잘 휘어지는 나뭇가지 들 준비해요.
두 굴기가 다양한 가지를 준비해요.

1. 꼭지를 자르고 원사지을 적당하게 대요.
2. 꼭지을 둥글게 만들어 주세요.
3. 시작부분에 매듭을 묶어 실 꾸러기를 만들어 주세요.
4. 당 꿀을 적당하게 당겨 꼬아 해요.

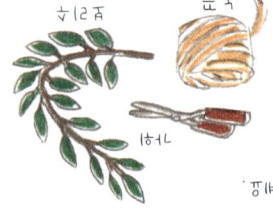
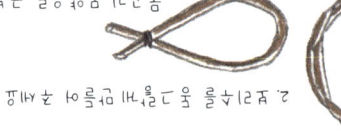

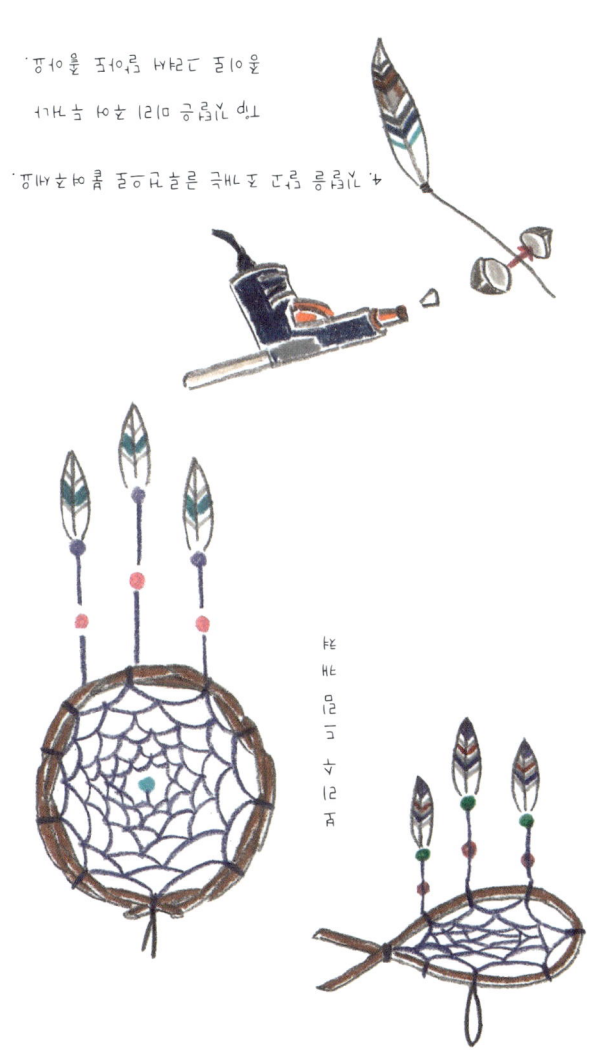

꿈을 지켜주는 드림캐쳐

밤에 자다가 무서운 꿈을 꾸거나
좋은 꿈이 그대로 달아나요.

수 자친들을 담고 그대로 꿈속으로 들어가보세요.

여러 찬이 함께 한다

쌈을 싸 먹기도 해

꽃을 자연건조하기

물꽃으로 만드는 꽃차

1. 꽃송이를 다듬어 깨끗이 씻어주세요.

2. 꽃을 종류 별로 나누어 주세요. 줄기들, 꽃잎, 잎으로 나누어 주세요.

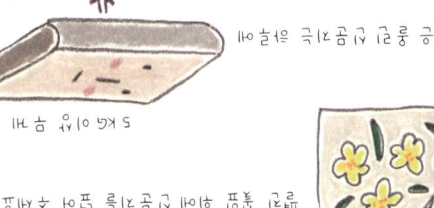

3. 꽃잎이 겹치지 않게 신문지 위에 나열해요.
꽃잎 위에 신문지를 덮어주세요.

5kg 이상 무게

4. 꽃잎을 담은 신문지를 책 위에 올려주세요.

그 위에 책을 더 올려주세요.

5. 일주일 정도 말려주세요.

얼굴 뽀 감싸주는 손수건 만들어봐요.

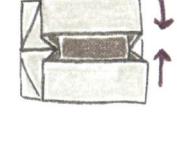
1. 종이를 반으로 접는다.

2. 다시 반으로 접는다.

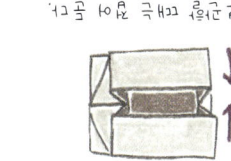
3. 양옆을 펼쳐 접는다.

4. 양 끝을 안쪽에 맞추어 접는다.

5. 아랫부분을 접는다.

6. 윗 부분을 벌려 잡아당긴다.

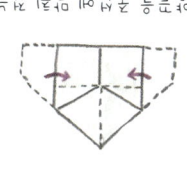
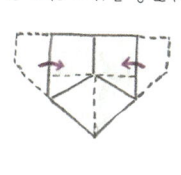
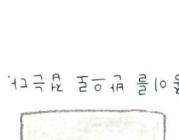
7. 상자 모양을 만든다.

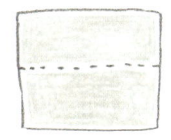
8. 뚜껑 부분도 같은 방법으로 접는다.

휴지이나 공기에 담을 음식을 넣어 쓰세요.

Tip 밑에 깊게 칼집을 내면 더 깊이 보관할 수 있어요.

간식거리

꽃으로 만든 몰

유리 꽃 만들기

1. 레진 주 제재와 경화재를 1:1 로 짜아 주세요.
유리판에 경화재를 꼼꼼히 섞어 주세요.

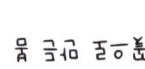

2. 구조장이 양호한 말린 꽃잎을 올려주세요.
TIP 양호할 고추장이 아니라도
꽃잎이 0.2mm 끼이만
있어도 사용할 수 있어요.

3. 꽃잎을 레진으로 덮어 주세요.
너무 많이 덮지 마세요.

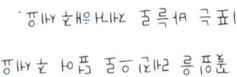

4. 다 자르면 접은 종이 풀에 붙여 주세요.

3. 그린 드림과 사랑과 드림을 꽃잎 모양으로 잘라 주세요.

2. 붓, 신문 바로잡혀.

1. 종이 테이프 비닐장판 위에 꽃물을 올리고 마르기 전에 색칠하세요.

꽃물 색칠하기

1. 종이물은 은은 색으로 물들이고 마르기 전에 해 보세요.

꽃물 꾸미기

물풀으로 꽃담 꽂기 만들기

1. 두 가지 종이컵을 잘라 펴서 풀로 붙여 주세요.
   종이 테이프로 모서리를 붙여 주세요.

2. 장면에 종이를 감싸주세요.
   마른 종이 위에 색깔을 풀어 꼬아 주세요.

3. 꽃잎을 다 붙인 후 예쁜 마디 산을 새기고 마르기 해주세요.

낯
선
곳

낯
설
이
낯
설
이

머리말

단 한 종의 새로운 이름을 얻기 위해, 몇 년 간 열 번 이상 해외에 나가 조사하여 들은 꿈을 품고, 그리고 책임있는 자리라든가 일상적인 생활을 포기하기도 해야하고, 몇 차례 판단하고 검토하며 쓸데없는 고집을 부려 새롭게 태어나게 하기도 한다.

어린 것을 혹시 잃을까봐 걱정되어 밤낮으로 쳐다보고 자라나는 데에 따라서 그 기쁨을 만끽하는 재미에 빠지기도 한다. 그러나, 자, 그것은 분류학자의 몫일 뿐이다. 자, 이들을 품에 넣어 돌을 깔고, 그 속에 품은 감정을 오롯이 담아내는 표본으로 만드는 일이다.

올레길에 피는 산딸기

1. 산딸기는 가시가 많아요.
   조심 조심 산딸기를 따주세요.

2. 산딸기를 흐르는 물에 잘 씻어주세요.

작은 애벌레들이 있어요~

여름 맥주를 위한 산딸기청

1. 산딸기와 설탕을 1:1로 담아주세요.

2. 설탕이 다 녹으면 완성이에요.

Tip 대략 일주일정도면 설탕이 녹아요.

1:1

로제 맥주

산딸기 청을 맥주에 넣어주면

수제 로제 맥주 탄생!!

홍초 담그는 산딸기 담기

1. 산딸기랑 설탕을 1:1로 섞어주세요.

2. 냄비에 담고 중불에 계속 졸여주세요.
거품은 걷어 주세요.

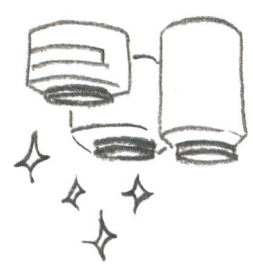

3. 졸이는 방법은 냄비에 설탕이 녹을 때 용기를 꺼내 주세요.

4. 완전히 식힌 다음 냉장고에 넣어 두어야 해요.

Tip: 냉장고에 담긴 산딸기 홍초는 6개월 정도 보관할 수 있어요.

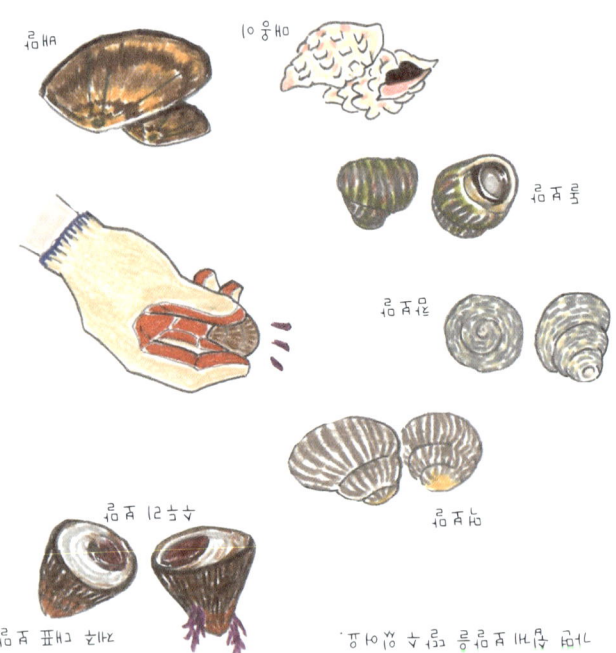

홍합
소라게
돌조각
집게
골뱅이
맛조개
수숙기 조각
게의 다리 조각

조개 중 볼록 아래쪽에요?

조개는 안쪽 면과 끄깨요?

 조개들이 가파르게 되려요.

어 물이 사라지고 풀이 옮겨요.

양철지붕 아래 양동이

맛있는 땅콩 먹어볼까?

1. 팬에 약 1분 동안 땅콩을 담고 약한 불에 구워 주세요.

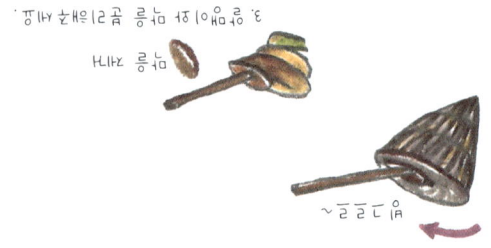

2. 땅콩 껍질을 벗기고 땅콩을 쟁반에 주세요.

3. 땅콩이랑 약콩을 준비하세요.

맛있는 땅콩 껍질 어떻게 해요?

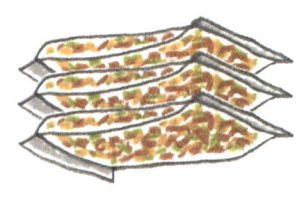

땅콩을 꺼내 접시담고 아사가 맛있는 땅콩 완성!

매운 고추를 개인 취향에 맞게 넣어요.

양이 넉넉해질 때까지 끓여요.

양주가 끓어오르면 닭을 넣어주세요.

이때 후추와 양배추를 더 고추해주세요.

후춧가루와 미림, 간장, 참기름을 넣고 볶아주세요.

닭갈비가 익으면 불을 꺼주세요.

간장   참기름   미역

볶음 닭갈비 수

가구 가치 그리고 가다

항아리가 방글방글 웃는다

조개 손질 방법.

1. 볼에 바닷물과 같은 농도의
   소금물에 조개를 담가주세요.

   Tip. 검은 봉지로 덮어 주세요.

2. 해감 후 조개를 꺼내 흐르는 물에 씻어주고
   장시간 두고 어두운 곳에서 조개를 해감 시켜주세요.

   해감을 시켜주세요.

3. 냄비에 조개 함께 물을 넣어 끓여 주세요.

3. 글루건으로 자개를 붙여 주세요.

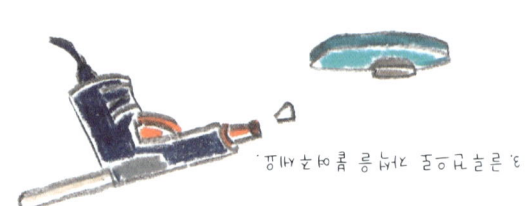

2. 유리판 위에서 그림을 그려주세요.

1. 바다에서 유리 조각과 쌓인 돌 들을 담아오세요.

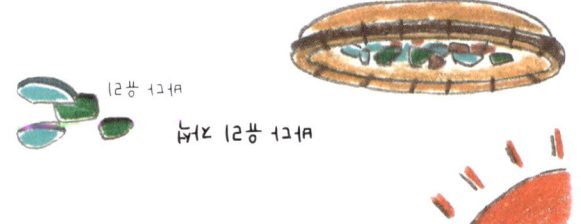

바다 유리 조각

바다 유리 조각과 예쁜 장식 돌 들을 준비 해 주어요.

바다에서 반짝이 유리 조각 돌 담아 오아요.

유리니가 배인 유리 조각

자개 자개를 찾거요.

2. 유리조각 위에 본드를 골고루 펴 발라주세요.

3. 유리조각 위에 더 예쁘게 그려주세요.

4. 바다 유리조각 그림들이 완성됐어요!

바다 유리 조각

완 성 된 모 습 이 에 요

아크다 냄비 받침재료

1. 나무도막 (100g)과 물감 (30g) 을 잘 섞어 주세요.

나무   물감

배합이 어긋나지 않게 잘 섞어 주세요.

2. 준비된 용도에 섞은 것을 부어 주세요.

용도가 없는 경우는 종이컵이나 우유팩을 이용해도 괜찮아요.

3. 색감과 강하게 마르기 전 하트모양의 장식해주세요.

장식된 상태로 3에 하루 동안 굳혀주세요.

바다 재료 모빌 만들기

1. 바다에서 조개와 모래를 관찰하고 주워 오세요.

유목   끈   실

2. 구멍으로 꾸개껍질 모양을 찾아 송곳으로 조개껍질 구멍을 뚫어 주세요.

조개

유리조각

바다 송곳

완성되어 걸어 두는 모습

가리비 드림 캐쳐

1. 손드릴을 이용해 조개에 구멍을 만들어요.
구멍과 구멍에 간격이 일정하게
미리 표시하고 작업해요.

시작 매듭

2. 시작부분에 매듭을 묶고
실 무늬를 만들어주세요.

Tip 줄을 짱짱하게 당겨 주어야 해요.

바다 목걸이 걸이

1. 나무에 바니쉬를 두 번 정도 발라주세요.

2. 조개와 유리 조각을 나무 위에 놓고
배치를 연습해 보세요.

나사 고리를 달아 주세요

3. 위치를 정하면 오공 본드로
하나씩 붙여주세요.

Tip 조개에 뾰족한 부분에 목걸이나 귀걸이를 걸어요.

학지야 영원히 사라져 버려

예쁜 꽃들로 만드는 압화

1. 신문지를 테이블에 깔고 시작하세요.

2. 꽃을 골라 준비해 주세요.

3. 꽃잎이 겹치지 않게 신문지 위에 다양하게 올려 신문지 위에 놓아 주세요.

4. 꽃잎을 올린 신문지 위에 또 다른 신문지로 덮어 주세요.

5. 무거운 책으로 압축해 주세요.

5kg 이상 무게

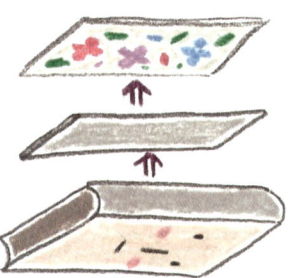

수국 팔레트

1. 레진 두 재료를 말랑말랑하게 1:1로 섞어주세요.
   두 재료를 말랑말랑해질 때까지
   두어야 잘 굳어요.

2. 스크라잎 위에 양품을 만드는 꽃잎을 올려주세요.
   TIP 레진을 얇게 바르고 꽃잎을 올려요.
   레진이 충분히 마르기 전에 아직 마무리 해주세요.

3. 기포는 바늘로 제거해 주세요.
   실리콘 몰드에 사용해요.

서운 기 기 하 서

제주 땡감으로 만드는 갈옷

매염제가 필요 없는 천연 염색

1. 여름 감을 수확해주세요.

풋풋한 냉감으로 만들어요.

2. 감을 4등분해 주세요.

3. 절구에 넣고 콩콩 찧어주세요.

Tip 물을 조금씩 넣으면서 찧으면 수월해요.

4. 감물에 옷이나 천을

넣고 조물 조물 한 후

햇살에 말려주세요.

Tip 천이 마르면 다시 물에 담그고 말리기를 반복하면

옷이 갈색으로 변하기 시작해요.

싸리꽃 향기에

향긋 코끝이 간지러워

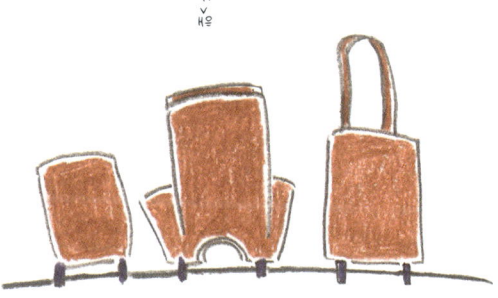

3. 손톱에 꽃물 들이고 3시간을 기다립니다.

2. 봉숭아꽃과 백반을 넣고 빻아주세요.

1. 봉숭아꽃 봉우리, 잎을 함께 따요. 붉은색 꽃이 들어가야 빨갛게 물이 들어요.

봉숭아 꽃물들이기

꽃 곱게 기다리는 마음

바다가 보이는 수영장

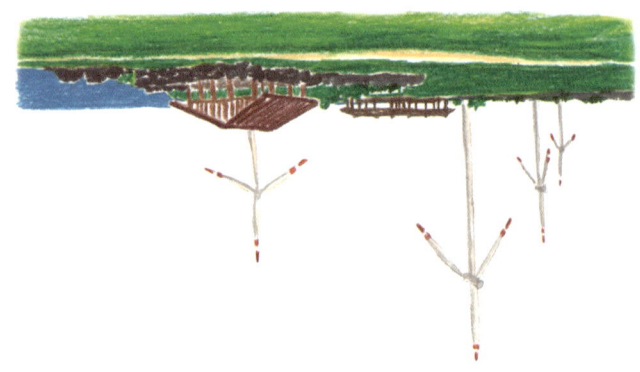

사주 가 있는 석호

아낌없이 주는 채

바람직한 지도 초등에서 가져야 할 것은 지도의 개념과 지도이해 활동 방법 등을 정확히 알고 있어야 한다. 단순한 탐색활동 보다 좀 더 사고를 요하는 탐색과 이해 활동이 전개되어야 한다.

발달에 맞는 활동을 한다.

바람직한 지도이해 활동을 통하여 학생들이 표현방법 발달과 개념이 발달한다. 지도이해 활동이 보다 세련된 지도 표현 활동으로 발전하려면, 발달을 '탐색하기', '뽑아 보이기', '표시'의 발달단계에 맞는 활동을 전개해 피이드백 시켜야 한다.

가 피이드백을 할 상위 이해의 몇 단계 존재 시기.

가
음

온 세상 가득 익은 벼들

제주 사람들의 소풍 요리

몸국

재료: 돼지 등갈비, 대파, 마늘, 양파, 청양고추, 쌈배추, 몸(모자반)

1. 고기를 먹기 좋은 크기로 자르고 끓는 물에 빼세요.

2. 냄비에 고기와 삶은 배추를 넣고 끓이세요.

3. 고기 삶은 다시 육수에 넣어 끓이세요.

Tip 기름에 파다가 피마자 고추를 넣어 만나요.

다시 한 번 정도 더 부어주세요.

4. 모자반에 매일 기름가 밑 잘녕 풀를 얕맛게 망수세요.

가을 간식 빙떡

심심한 듯 손이 계속 가는 별미

메밀 가루   물

1. 메밀 가루를 묽게 풀어 주세요.

2. 메밀 반죽을 얇게 부쳐주세요.

3. 무를 채 썰고 살짝 데쳐주세요.

4. 소금, 깨쏘금, 참기름으로 양념해주세요.

5. 채반의 처음에 가운 예쁘게 올리고 꽃 재료를 넣고 장 담아주세요.

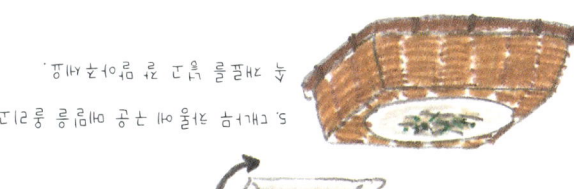

무화과 쨈

시원한 호밀빵이랑 무화과가 너무 잘 어울려요.

무화과 재료

레드와인, 럼, 꿀, 레몬, 시나몬 스틱

1. 끓인 물 한 컵, 럼 한 컵, (1)꿀 한 컵, 레드와인 한 컵을 넣고 끓여 주세요.

2. 재료가 끓으면 무화과를 넣고 40분 정도 졸여주세요.
   ~ 레몬과 시나몬, 럼 등이 향긋함이 더해줘요.

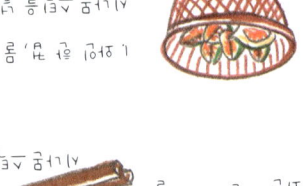

3. 공기간 공기 나눠 담아주세요.

4. 냉에 담아 보관해주세요.

석류 나무가 멋져

돌문어를 잡으러 바다로 가요

돌문어는 언제 잡아요?

밀물과 썰물에 차이가 180~200정도 날 때를 맞추어서
바다로 가요. 깊은 바다에서 문어를 잡을 수 있어요.

준비물은?

갈고리 막대기는 두 개

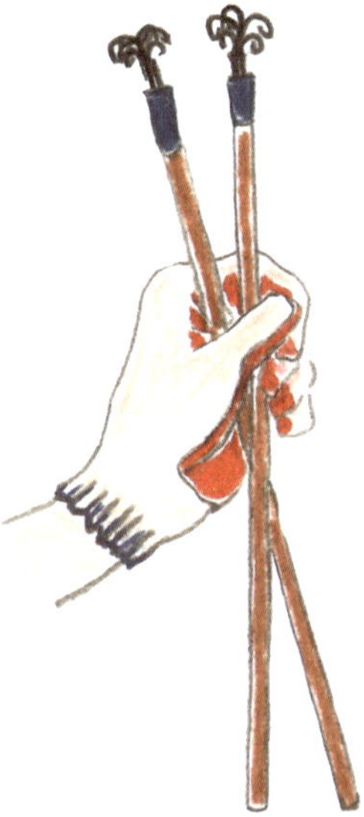

문어를 담아 올 망테이

미끼 문어 다리

돌문어는 어떻게 잡아요?

1. 갈고리 하나에 문어 다리를 걸어주세요.

2. 바다 끝 쪽 바위 구멍에
   문어 다리를 천천히 왔다
   갔다 해주세요.

3. 영역성이 강한 문어가 문어 다리를
   공격할 때 잡아주세요.

맞은 수 없어 항의하는 꾀보

문어는 어떻게 삶아요?

1. 냄비에 갈치 삶을 이 물을 끓여요.
2. 물이 끓으면 문어를 넣고
   다리 6개 30초 를 넣어요.

Tip. 끓는 물에 문어 다리를 잡고
넣었다 뺐다 하면 예쁜 모양으로
삶을 수 있어요.

다 삶은 문어는 얇게 썰어

양념

풋고추 꼭지 따는 방법

1. 단지에 물로 깨끗이 풋고추를 씻어 주세요.

2. 물로 씻은 풋고추의 물기를 말려 주세요.

풋고추 양념 장아찌

1:1 : 1:1

1. 간장, 식초, 설탕, 물을 1:1:1:1로 넣어 주세요.

2. 장아찌 통에 양념물을 부어 주세요.

꿩의 비름

꽃차례는 산방상의 취산화서로

잎은 다육질의 거꾸로 된 달걀모양

꽃이 피는 시기는 8~9월

꿩의 비름 꽃

꿩의 비름 자수 만드는 방법 안내

1. 꿩의 비름 모양을 따라서 헝겊에 밑그림을 그리고 색칠해 주세요.

바늘, 실

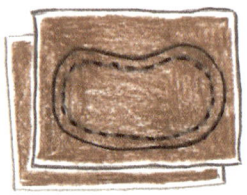

2. 수 장식 옆에 안 쪽 헝겊을 두고 그리세요.
바느질을 색에 표시 한 곳에 그리세요.

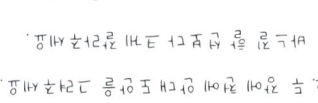
장식용

3. 마지 끝이 돌아가서 그리를 만들고 장식용을 달고 바느질 해주세요.

4. 창구멍으로 열매를 채워주세요.

창구멍

5. 창구멍을 공그르기로 마무리 해주세요.

끈을 달아 완성해주세요.

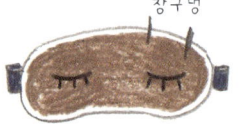

두통을 잠재워주는 순비기 베개

창구멍

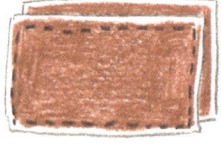

1. 두 장의 천을 재단해요.

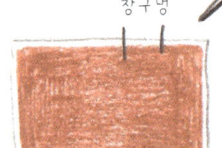

2. 창구멍을 남기고 바느질해주세요.

3. 천을 뒤집고 열매를 채워주세요.

Tip 지우개 도장으로 무늬를 만들어 주어도 멋져요.

4. 창구멍을 공그르기로 마무리 해주세요.

주머니 만들기

공주머니 만들기

바늘
실
겉감 옷감
안감 옷감
공주머니 본

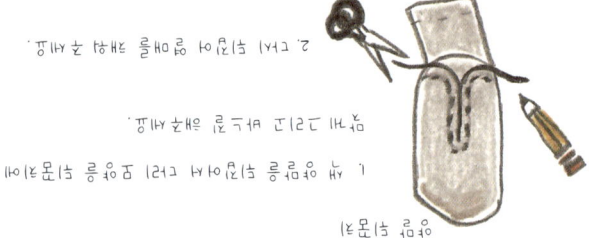

1. 색 옷감을 반지어 다시 공 모양을 진장치에 넣고 양쪽 끈을 서로 교차하게 하지요.

2. 다시 진장이 양에 넣어 교차 주세요.

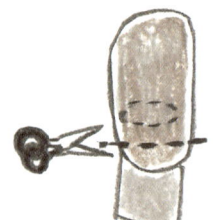

3. 고리같게 감결을 만들어 주세요.

끝고리같게 시작점 옆에 양에 교차 주세요.

눈사람 만들기

4. 머리 부분 끝을 단단히 묶어 동그란 모양으로 마무리 해주세요.

5. 양말의 새 아랫부분 묶었던 부분에서 적당한 위치에 가위집을 내주세요.

6. 몸통과 머리를 하나로 연결해주세요.

7. 눈, 코, 입을 표현해 그려주세요.

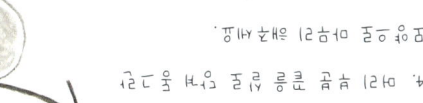

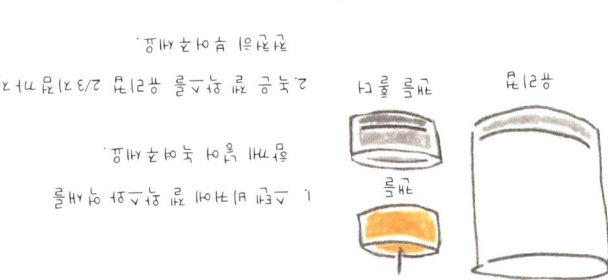

억새 갈란드 (garland)

집에 걸어두는 제주 가을

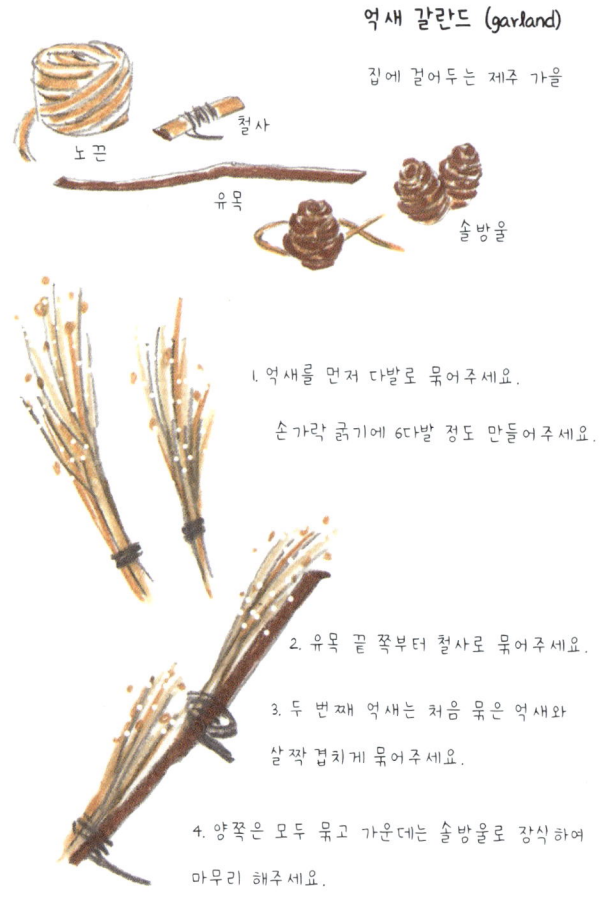

철사

노끈

유목

솔방울

1. 억새를 먼저 다발로 묶어주세요.

    손가락 굵기에 6다발 정도 만들어주세요.

2. 유목 끝 쪽부터 철사로 묶어주세요.

3. 두 번째 억새는 처음 묶은 억새와

    살짝 겹치게 묶어주세요.

4. 양쪽은 모두 묶고 가운데는 솔방울로 장식하여

마무리 해주세요.

겨울 사랑이 찾아오다

계절 시화집 눈이 오면

제주스러운 날들

초판 1쇄 발행 2020년 12월 15일
초판 2쇄 발행 2023년 09월 19일

지은이 | 장민정
펴낸이 | 장민정
펴낸곳 | 낫선제주

등 록 | 제 651-2020-000053호 (2020년 10월 21일)
주 소 | 제주시 한경면 고산로 175-7
e-Mail | nasseonjeju@naver.com
Instagram | @ nasseonjeju

ISBN | 979-11-972475-5-2 [03650]

* 본 출판물은 네이버 나눔 글꼴을 사용하였습니다.
* 이 책 내용의 전부 또는 일부를 이용하려면 반드시 저작권자의 동의를 얻어야 합니다.
* 책값은 뒤표지에 있습니다.
* 잘못된 책은 바꾸어 드립니다.